Karin Sachse

Schritt für Schritt
Buntstift-
zeichnungen

ENGLISCH VERLAG

Die Deutsche Bibliothek – CIP-Einheitsaufnahme
Buntstiftzeichnungen / Karin Sachse. – Wiesbaden: Englisch, 2000
(Schritt für Schritt)
ISBN 3-8241-1021-0

© by Englisch Verlag GmbH, Wiesbaden 2000
ISBN 3-8241-1021-0
Alle Rechte vorbehalten. Nachdruck, auch auszugsweise, verboten.
Fotos: Frank Schuppelius
Printed in Spain

Das Werk und seine Vorlagen sind urheberrechtlich geschützt, jede Verwertung oder gewerbliche Nutzung der Vorlagen und Abbildungen ist verboten und nur mit ausdrücklicher Genehmigung des Verlages gestattet. Dies gilt insbesondere für die Nutzung, Vervielfältigung und Speicherung in elektronischen Systemen und auf CDs. Es ist deshalb nicht erlaubt, Abbildungen und Bildvorlagen dieses Buches zu scannen, in elektronischen Systemen oder auf CDs zu speichern oder innerhalb dieser zu manipulieren.

Die Ratschläge in diesem Buch sind von der Autorin und dem Verlag sorgfältig erwogen und geprüft, dennoch kann eine Garantie nicht übernommen werden. Eine Haftung der Autorin bzw. des Verlages und seiner Beauftragten für Personen-, Sach- und Vermögensschäden ist ausgeschlossen.

Inhaltsverzeichnis

Vorwort 5

Das Material 6

Der Farbkreis 8

Die Techniken 9

Schritt für Schritt zum fertigen Bild 14

Alpenveilchen 14

Schneeglöckchen 17

Kapuzinerkresse 20

Hortensien 23

Kürbis 26

Brombeeren 29

Vorwort

Der Buntstift ist eine Weiterentwicklung der Kreiden. Im 15. Jahrhundert wurden Kreiden und Kohlen zu Stäbchen verarbeitet, in hohles Schilfrohr gesteckt, fest mit Stoff- oder Lederstreifen verbunden und angespitzt. Michelangelo und Leonardo da Vinci arbeiteten mit diesem Material.

Heute sind die Stifte ein sauberes Material, mit dem man sofort anfangen kann zu malen. Hinzu kommt, dass Buntstifte verhältnismäßig preiswert sind. Selbst eine teurere Buntstiftauswahl lohnt sich, denn es können damit viele Zeichnungen entstehen. Man benötigt wenig: ein festes Stück Papier und einige Buntstifte. Im Freien können schnell einige Skizzen entstehen, und mit nur wenigen Farbtönen werden Stimmungen eingefangen.

Bevor ich mich ernsthafter mit Buntstiften befasste, galt für mich das Vorurteil: Buntstifte sind etwas für Kinder. Als unsere Tochter klein war, nahm ich generell eine kleine Packung Buntstifte und Papier mit, wenn wir unterwegs waren und zum Beispiel in ein Restaurant zum Essen gingen. Für sie war es eine tolle Beschäftigung, da so das Warten auf das Essen verkürzt wurde.

Doch mir ist damals der Wert dieses Materials nicht aufgefallen, sondern erst viel später. Es ist eben nie zu spät, mit etwas Neuem anzufangen. Für mich entwickelte sich eine Faszination, denn mit diesen Stiften lassen sich vielfältige Zeichnungen anfertigen, und ich hoffe, dass ich auch Sie mit diesem Buch für das Malen mit Buntstiften begeistern kann.

Viel Spaß und viel Erfolg
Karin Sachse

Das Material

Farbstifte

Nur durch Ausprobieren kann man herausfinden, mit welchen Buntstiften man am besten arbeiten kann. Es gibt eine große Vielfalt: harte, weiche, runde, eckige und Stifte aus härterem Holz oder solche mit sehr reinen Pigmenten. Für die Verwendung ist es wichtig zu wissen, welche Eigenschaften der Stift hat. Ganz selten findet man Farbnamen auf den Stiften. Von Hersteller zu Hersteller sind die Bezeichnungen unterschiedlich. Daher sollte man sich seine Farbpalette nach den tatsächlichen Farbwerten selbst zusammenstellen. Die Mine sollte bei den Stiften in der Mitte sitzen, da es sonst Schwierigkeiten gibt, sie richtig spitz zu bekommen.

Papier

Da das Papier für Buntstiftzeichnungen eine große Rolle spielt, muss man etwas experimentieren und herausfinden, welche Oberflächenstruktur für die eigenen Zwecke geeignet ist und welche Effekte man erzielen möchte.

a) Bei sehr **grobem Papier** dringt der Stift nicht in die gesamte Fläche ein. Nur die erhabenen Stellen nehmen die Farbe an. Es eignet sich also nicht für sehr feine Zeichnungen.

c) Ideal zum Zeichnen ist **mittelfein gekörntes Papier**. Hier wirken die Linien weicher und samtiger. Dieses Papier ist für alle Buntstiftarten gut geeignet – egal, ob es sich um weiche, harte oder wasserlösliche Stifte handelt.

d) Auf **sehr feinem Papier** ist das Mischen und Übereinanderlegen von Farben begrenzt. Die Fläche ist schnell von Farbpigmenten gesättigt und nimmt keine neuen mehr auf.

b) Mattes und strukturiertes Papier verdichtet die Farbfläche zwar etwas mehr, doch wirkt sie noch nicht geschlossen.

Das Malen auf **farbigem Papier** hat seinen eigenen Reiz. Es können sehr schöne Effekte und Farbnuancen erzielt werden. Außerdem hat das Malen auf farbigem Papier den Vorteil, dass es eventuell gleichzeitig den Hintergrund ergibt.

Verschiedenfarbige Untergründe haben unterschiedliche Effekte.

Außerdem sollte man sich überlegen, ob man lieber auf einem Block oder mit losen Blättern arbeiten möchte. Es ist ratsam, nicht am Papier zu sparen. Gerade das jetzt begonnene Bild könnte besonders gut werden.

Anspitzer

Man kann seinen Stift mit einem einfachen scharfen Messer anspitzen, braucht dazu aber etwas Übung. Wichtig ist, dass der Stift gleichmäßig spitz wird. Mit dem Messer lässt sich jedoch jede gewünschte Spitze erzielen.

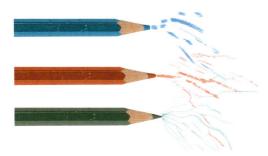

Verschiedene Spitzen ergeben verschiedene Linien.

Man kann auch einen Cutter oder ein Teppichmesser ausprobieren. Ihre Klingen lassen sich leicht ersetzen, wenn sie stumpf werden, und sind überdies recht preiswert. Mit einem einfachen Handspitzer kann man eine gleichmäßige Spitze erhalten. Das Messer muss nach einiger Zeit ausgetauscht werden. Mit einem handbetriebenen oder automatischen Spitzer wird die Buntstiftspitze sehr fein und gleichmäßig. Auch hier muss das Messer nach einiger Zeit ausgetauscht werden.

Radierer

Radierer ist nicht gleich Radierer. Dies stellt man fest, wenn man sich verzeichnet oder aufgetragene Farbpigmente entfernen möchte. Außerdem lässt sich der Radierer gestalterisch für die Überarbeitung von Farbflächen einsetzen. Farbige Radierer eignen sich nicht besonders gut, weil sie eventuell ihre eigenen Pigmente abgeben. Knetradierer sind kaum präzise anzuwenden. Man kann mit ihnen allerdings eine gute flächige Struktur erzielen und ebenso gut verwischen. Radierstifte mit einer Papierhülse lassen sich gut einsetzen. Wenn Sie an einigen Stellen verschmiert sind, schneidet man diese einfach ab. Mit einer Radierschablone lässt sich gezielt in Farbflächen arbeiten. Man sollte ausprobieren, mit welchem Radierer man am besten zurechtkommt.

Gestaltung mit Radierschablone

Der Farbkreis

Es ist hilfreich, sich einen Farbkreis zu erstellen, um die Beschaffenheit der eigenen Farbstifte kennen zu lernen. Theorie vermittelt kein Gefühl für Farben, dies kann erst der Umgang mit dem Material leisten. Es ist hilfreich, folgende Beispiele nachzuarbeiten.

Alle Farben lassen sich aus den Primärfarben Rot, Gelb und Blau (3-teiliger Farbkreis) mischen.

Die Sekundärfarben (6-teiliger Farbkreis) entstehen, wenn man Primärfarben miteinander mischt. Rot und Gelb ergeben Orange, Rot und Blau ergeben Violett und Blau und Gelb ergeben Grün.

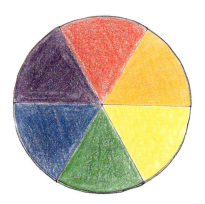

Farben, die sich auf dem Farbkreis gegenüberliegen, nennt man Komplementärfarben. Demzufolge ist Rot die Komplementärfarbe von Grün, Gelb die Komplementärfarbe von Violett und Orange die Komplementärfarbe von Blau. Mischt man eine Farbe mit ihrer Komplementärfarbe, so erhält man Grau.

Werden die Primärfarben mit den Sekundärfarben gemischt, erhält man sechs weitere Farben (12-teiliger Farbkreis).

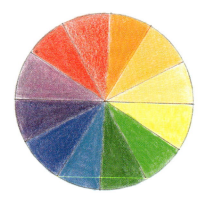

Für alle Bildanlagen gilt:
Man sollte jede Zeichnung von Anfang an in einer leichten Schraffur anlegen. Der Stift ist dabei kaum zu hören. Wird gleich zu Beginn mit dem Stift stark aufgedrückt, ist das Papier von einer Farbe sofort gesättigt und nimmt auf dieser Fläche keine weitere mehr auf. Schatten und Dunkelheiten können nicht entstehen, doch erst sie verleihen dem Bild Spannung, Tiefe und Dreidimensionalität. Man sollte beim Malen ein Blatt Papier unter die Hand legen. So wird vermieden, dass die Farbe verwischt wird.

Die Techniken

Es gibt eine Vielzahl an Techniken, die für Buntstiftzeichnungen angewendet werden können. Hier sind diejenigen dargestellt, die in den Bildbeispielen dieses Buches Anwendung finden.

Bestandteile einer Zeichnung und sollten deshalb in ihrer Vielfältigkeit geübt werden. Bei einer Figur kann beispielsweise durch ihre Haltung auf ihre Stimmung geschlossen werden. Mit nur wenigen Linien wird ein starker Ausdruck vermittelt.

Hier einige Strukturbeispiele, die jederzeit ergänzt werden können:

Kurz abgesetzte Striche
mit flachgehaltenem Stift

Die Linie als Ausdruckskraft

Gefühlszustände können durch Linien und Striche zum Ausdruck gebracht werden. Ein gutes Beispiel ist der Expressionismus. Hier haben Maler durch Linien Freude, Trauer und Angst vermittelt. Linie und Strich sind

Übereinander gesetzte Strichlagen

Kreisbewegungen

Farbschichten

Mit Hilfe von verschiedenen Farbschichten können plastische dreidimensionale Formen herausgearbeitet werden. Jede Farbe sollte möglichst transparent, aber modellierend angewendet werden, um die Natürlichkeit des Gegenstandes zu erhalten. Eine räumliche Wirkung entsteht durch den Hell-Dunkel-Kontrast.

Hellblau, Gelb, Karmin und Orange

Eine wichtige Technik für das Übereinanderlegen von Farbschichten sind Schraffuren.

Beispiele für Farbschichten:

Hellblau und Gelb

Diese können vertikal, horizontal und diagonal aufgezeichnet werden.

Hellblau und Karmin

Die Farbe muss nicht immer in einer Richtung aufgetragen werden.

Farbschichten lassen sich auch als Kreuzschraffur übereinander legen.

Bunt auf bunt

Buntstifte malen halbdeckend, daher verändert sich ihr Tonwert und ihre Qualität auf farbigem Untergrund. Bevor man auf farbigem Untergrund malt, sollte man eine Farbskala seiner Stifte anlegen, um die einzelnen Farbwerte einordnen zu können. Man kann Papier auch mit flüssiger Aquarellfarbe selbst einfärben, wenn kein farbiges Papier zur Hand ist oder die erhältlichen Papiere nicht gefallen. Gut eignen sich neutrale oder nur matt deckende Farbtöne. Auf einem Papier mit intensiver Farbgebung wird die Ausdruckskraft der Farben geschwächt.

Aufpolieren

Mit einem weißen oder hellen Farbstift kann Glanz hervorgerufen werden. Diese überraschende Wirkung verleiht dem Bild eine schöne Leuchtkraft.

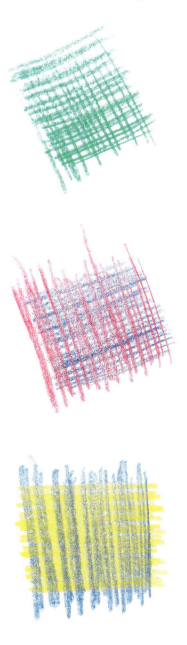

Gelb   Weiß   Grau

Bei einer Buntstiftzeichnung ist die Struktur des Papiers oft noch deutlich zu sehen, und sie wirkt rau. Der Gebrauch eines weißen oder hellen Farbstiftes kann diese Oberflächenstruktur schließen. Eine gleichmäßig schraffierte Fläche glänzt eher als eine lockere Linienstruktur. Mit kräftigem Druck wird über die zu bearbeitenden Farbflächen gemalt. Auch hierfür sollte man sich wieder eine Farbskala anlegen, auf der die Originalfarbtöne und die aufpolierten Töne zu sehen sind.

Ein Papierwischer kann sehr gut als Hilfswerkzeug beim Aufhellen eingesetzt werden. Mit einem Radierer kann man die Farbpigmente auf weiche Art und Weise glätten, und mit Hilfe einer Radierschablone können Flächen auf kleinstem Raum aufgehellt werden.

Frottage (Durchdrücktechnik)

Bei dieser Technik wird ein Blatt Transparentpapier auf den noch unbemalten Bildbereich gelegt. Mit einem harten Bleistift (oder einem anderen scharfen Objekt) werden kräftige Linien gezogen. Sie wirken wie eine Gravur auf dem Zeichenpapier. Mit einem Streichholz oder Schaschlikspieß können auch direkt auf dem Papier Linien gezogen werden. Nun werden mit einem flachgehaltenen Buntstift Schraffuren aufgetragen, und zwar möglichst quer zum eingravierten Strich. Die eingedrückten tiefer liegenden Striche bleiben frei von Farbpigmenten und treten weiß hervor. Diese Musterungen können natürlich auch farblich nachgezogen werden. Da einmal eingravierte Striche nicht mehr rückgängig zu machen sind, sollte man sich gegebenenfalls auf dem Transparentpapier eine Vorzeichnung anlegen. Man sollte diese Technik auf einem gesonderten Blatt Papier ausprobieren, bevor man sie in einer Zeichnung verwendet, um auch die Strichstärke zu testen.

Aquarellieren

Buntstifte sind auch als Aquarellstifte erhältlich. Diese kann man in Verbindung mit Wasser wie Aquarellfarben benutzen. So lassen sich zarte Verwaschungen und fließende Konturen erzielen. Eine oder mehrere Schichten Farbpigmente werden trocken auf dem Papier aufgetragen. Nun verwäscht man die gewünschten Flächen mit einem nassen Pinsel. Die Umrisse der angefeuchteten Farbflächen lassen sich entweder als scharf abgrenzende Linien gestalten oder mit einem Pinsel zu einem sanft verlaufenden Übergang verwaschen. Statt einen Pinsel einzusetzen, kann man auch mit der angefeuchteten Stiftspitze arbeiten. Auf diese Weise werden weiche satte Striche erzielt und einzelne Linien hervorgehoben. Für einen flächigen Farbauftrag eignet sich diese Technik allerdings nicht so gut. Man kann auch eine kleine Fläche anfeuchten und eine zarte Schraffur darüber legen. Dadurch wird eine gleichmäßig verschwommene Wirkung erreicht. Darüber hinaus lässt sich die Farbe mit einem nassen Pinsel direkt von der Stiftspitze abnehmen und kann dann wie Aquarellfarbe vermalt werden. Sind die feuchten Bereiche getrocknet, können Details mit trockenen Stiften eingefügt werden. Fast alle Buntstifte lassen sich auch mit Terpentin anlösen, doch der Verlauf ist ungleichmäßig und leicht scheckig. Auch hier sollte die Technik wieder auf einem Extrablatt ausprobiert werden.

Schritt für Schritt zum fertigen Bild

Alpenveilchen

Benötigtes Material:

 säurefreies Aquarellpapier, 300 g/qm, rau oder matt; Rundpinsel Nr. 4 und 6; Aquarellbuntstifte in Geranienrot, Karmin dunkel, Venedigrot, Rotviolett, Violett, Maigrün, Saftgrün, Olivgrün, Blaugrün, Kobaltblau, Delftblau, Goldocker, Schwarz.

Erster Schritt

Durch die Aquarellbuntstifte lassen sich die Transparenz der Blüten, die filigrane Modellierung der Knospen und die Form der Blätter gut darstellen. Mit den jeweilgen Grundfarben werden die Umrisse von Blättern (grün), Blüten und Knospen (rot) in mehreren Schichten auf dem trockenen Papier angelegt. Blüten und Knospen werden mit Geranienrot und Karmin dunkel mal zart und mal dichter schraffiert. Für die Stängel fügt man etwas Rotviolett und Violett hinzu. Bei den Blättern werden nur vereinzelt Blattbereiche mit Saftgrün, Blaugrün und Kobaltblau angedeutet. Bei der Komposition muss darauf geachtet werden, dass zwischen den einzelnen Elementen Abstände vorhanden sind.

Zweiter Schritt

Mit Goldocker und Schwarz erhält die rechte Blüte eine Blütenmitte, und es werden einige Dunkelheiten eingefügt. Die linke Blüte wird in den angegebenen Rottönen und etwas Venedigrot schraffiert. Für den Schattenbereich nimmt man Schwarz hinzu. Einige Partien werden umrandet, um sie klarer voneinander abzugrenzen. Die Blüten- und Blattstängel werden ergänzt, weitergemalt und die Zwischenräume als Schattenbereiche mit Delftblau und Schwarz ausgemalt. Für Knospen und Blätter sind Überschneidungen sehr reizvoll. Die Laubblätter werden teilweise schraffiert. Für die hellsten Stellen wird der Stift fast waagerecht gehalten und die erhabenen Papierstellen werden in wechselnden Richtungen mit Maigrün, Saftgrün, Blaugrün, Olivgrün und Kobaltblau flächig angelegt. Schwarz verwendet man, um Partien dunkler erscheinen zu lassen und Blattadern zu ziehen. Damit die Blätter nicht den Eindruck einer großen grünen Fläche vermitteln, werden Blätter im Negativ hinzugefügt. Das heißt, man umrandet eine Blattform mit einem grünen Stift und malt nur die dahinter liegende Fläche grün.

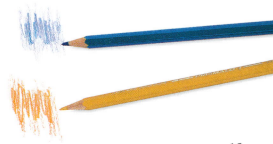

Dritter Schritt

Nun geht es an das Vermalen der Blüten und Blätter. Hierfür benutzt man einen Rundpinsel Nr. 4, befeuchtet ihn mit klarem Wasser und beginnt bei den roten Blüten. Es sollte äußerst behutsam vorgegangen werden, damit die Farben nicht an Leuchtkraft verlieren. Entweder malt man vom helleren zum dunkleren Farbverlauf oder umgekehrt. Sollte der Farbton an einigen Stellen zu schwach erscheinen, kann mit dem Buntstift in die noch feuchte Fläche Farbe hinzugefügt werden. Dabei sollte man vorsichtig sein, denn durch ein zu starkes Aufdrücken werden die Striche unansehnlich. Am besten ist es, wenn man die Farbe hineintupft. Mit dem angefeuchteten Pinsel wird das dunklere Grün der Laubblätter von der Mitte nach außen in die helleren Bereiche verteilt. Es können größere oder auch kleinere Teilbereiche eines Blattes vermalt werden. Werden weiße Flächen stehen gelassen, hat dies den Anschein, als würde die Sonne darauf scheinen. Sollte eine Partie zu dunkel geraten sein, lässt sich die Farbe mit einem Tuch etwas abtupfen. Wie sich die Farben miteinander verbinden hängt davon ab, mit welcher Dichte an Farbpigmenten man arbeitet, wieviel Wasser eingesetzt wird und wie intensiv die Farben vermalt werden. Man sollte das Bild immer wieder aus der Ferne betrachten und bedenken, dass man es immer noch dunkler malen kann. Gerät das Bild jedoch zu dunkel, wirkt es leblos.

Schneeglöckchen

Benötigtes Material:
säurefreies Aquarellpapier, 300 g/qm, matt;
Bleistift, Schaschlikspieß aus Metall;
Buntstifte in Himmelblau, Hellblau, Kobaltblau, Ultramarin, Delftblau, Magenta, Violett, Hellgrün, Maigrün, Grasgrün, Olivgrün, Flaschengrün, Ocker, Bronze, Terrakotta, Rotbraun, Sepia, Grau, Schwarz, Weiß.

Erster Schritt
Mit dem Bleistift werden die Umrisslinien der Töpfe vorgezeichnet, daraus erwachsen die Blumen. Die schlanken Laubblätter treten hier und da zwischen den Blüten hervor oder legen sich herüberhängend auf den kleinen Blumentopf. Einige Efeuranken lockern die Komposition auf. Bevor man mit dem Malen beginnt, sollte man sich die hellen und dunklen Partien genau einprägen. Mit Hell- und Himmelblau wird eine zarte Schraffur auf die gesamte Fläche des großen Topfes gelegt. Mit Ultramarin und Kobaltblau arbeitet man die dunkleren Bereiche aus. Dabei ist die Rundform des Topfes zu berücksichtigen. Auf die dunkelsten Flächen werden Magenta, Violett und Delftblau gemalt. Der kleine Topf erhält eine leichte blaue Grundierung, für den oberen Kantenabschluss wird Delftblau und für den innen liegenden Schatten Schwarz verwendet. Mit einem Schaschlikspieß werden die Blattadern des Efeus eingedrückt. Anschließend werden diese Blätter mit Maigrün, Olivgrün und Bronze schraffiert. Dabei wird immer quer zu den eingekerbten Linien gemalt. Die umgeknickten Teile der Blätter werden mit Rotbraun und etwas Sepia gemalt. Rechts vom Topf schimmern die Efeublätter mit etwas Maigrün hindurch.

Zweiter Schritt

Die Schneeglöckchen werden mit Grau schraffiert, die kleine Mittelfläche erhält maigrüne Striche. Die Schneeglöckchen werden etwas kräftiger mit Grau oder Schwarz umrandet, um sie stärker hervortreten zu lassen. Die Laubblätter, die nun ins Bild treten, werden mit Ocker, Grasgrün oder Flaschengrün gemalt. Die Efeublätter werden ein wenig nachgearbeitet. Dabei ist darauf zu achten, dass sich helle und dunkle Blätter abwechseln. Verwendet wird Ocker mit Maigrün und Olivgrün mit Flaschengrün oder Delftblau. Die Unterseiten werden mit Rotbraun gefärbt. Um auch diese Blätter hervorzuheben, werden sie mit einem spitzen schwarzen Farbstift umrandet.

Dritter Schritt

Die Laubblätter werden mit Ocker und Grün, Hellgrün und Dunkelgrün weiter ausgestaltet. Auch die Blüten werden vervollständigt. Die Stiele werden mit Ocker, Olivgrün oder Flaschengrün gezeichnet. Wenn das Efeu noch zu hell erscheint, kann es durch eine zusätzliche Schraffur abgedunkelt werden. Zur Gestaltung des Mauerwerks werden mit Bleistift waagerechte Linien gezogen, die durch senkrechte Striche eingeteilt sind. Die Mauer wird mit einer leichten Schraffur in Terrakotta überzogen. Außerdem kommt die Steinmauer mit leichten Strukturlinien ins Bild. Die Fugen werden mit Sepia eingefügt. Unter den Töpfen wird mit Grau und Delftblau ein Schatten angelegt. Nun wird das Bild aufpoliert. Die hellen Stellen der Übertöpfe sind als Glanzlichter freigelassen worden. Diese Stellen poliert man mit einem weißen Buntstift auf, ebenso die Efeu- und Blütenblätter. An der farblichen Gestaltung ändert sich dadurch nichts, die Flächen müssen vorher lediglich intensiv gestaltet sein. Schattierungen und Farbgrenzen sind beim Aufpolieren unwichtig.

Kapuzinerkresse

Benötigtes Material:

säurefreies Aquarellpapier, 300 g/qm, matt; Bleistift, Schaschlikspieß aus Metall; Buntstifte in Hellgrün, Maigrün, Olivgrün, Flaschengrün, Zitronengelb, Kadmiumgelb dunkel, Goldocker, Bronze, Orange, Scharlachrot, Krapplack, Kobaltblau, Delftblau, Indigo, Schwarz.

Erster Schritt

Mit Bleistift wird eine zarte Vorzeichnung angelegt. Bei dem Bild, das entstehen soll, hängen Blätter und Blüten, letztere geöffnet oder geschlossen, über die Kanten der Holzkiste. Um sich in dem Pflanzengewirr zurechtzufinden, muss man Farbabstufungen vornehmen. Die Blattformen werden variiert. Es ist wichtig, die Blätter in Vorder-, Hinter- und Seitenansicht einzufügen. Auch auf Überschneidungen sollte geachtet werden. Die Blüten erhalten mit Zitronengelb eine Blütenmitte, die Striche werden vereinzelt bis in die Blütenblätter gezogen. Mit Kadmiumgelb wird die nächste Region schraffiert, die dann in Scharlachrot hineingeht. Blütenblätter, die weiter hinten liegen, werden an den Überschneidungslinien mit Krapplack und etwas Schwarz abgedunkelt. Mit Schwarz werden auch feine Striche in die Blätter gesetzt. Die Verzahnung der Farbstriche ähnelt gefalteten Händen. Die Aderlinien und Mitten der Laubblätter werden mit dem Schaschlikspieß eingedrückt. Ausnahme sind die Blätter, deren Adern mit Schwarz nachgezogen werden, um Abwechslung in die Wirkung des Bildes zu bringen. Die Blätter werden mit Maigrün, Hellgrün, Olivgrün und Flaschengrün übermalt. Die Aderlinien treten weiß hervor.

Zweiter Schritt

Die Blüten werden mit den Farben Zitronengelb, Kadmiumgelb, Orange, Scharlachrot und Krapplack intensiver ausgemalt. Blütenblattadern werden mit einem spitzen schwarzen Buntstift eingezeichnet. Es werden noch einige Laubblätter hinzugefügt, wobei eines in die Negativform gesetzt wird, das heißt das Blatt selbst bleibt ausgespart und wird lediglich durch den Umriss kenntlich. Als Nächstes kommt die Holzkiste ins Bild. Die gesamte Vorderseite bekommt eine Schraffur mit Ocker. Dabei wird der Stift flach gehalten. Die dunklen Stellen der Astlöcher werden mit Goldocker und Bronze gemalt, die Metallkrampen mit Schwarz. Die Zwischenräume der Blüten, Laubblätter und bei der Holzkiste werden mit Flaschengrün, Delftblau und Schwarz ausgefüllt.

Dritter Schritt

Die Seitenteile der Holzkiste werden noch etwas kräftiger nachgezeichnet, und besonders die Maserung des Holzes wird mit Bronze und Schwarz verstärkt. Die Unterkante bekommt einen Abschluss mit Schwarz. Auf der rechten Seite der Kiste wird eine Linie als Tischkante gezogen und der Schatten in diesem Bereich mit Delftblau und Schwarz gesetzt. Auf der linken Seite wird der Schatten einfach nach oben hin auslaufen gelassen. An einigen Stellen können noch Dunkelheiten mit Flaschengrün und Schwarz gezeichnet werden.

Hortensien

Benötigtes Material:

Packpapier, Pappe, Klebstoff, dunkelbraune Abtönfarbe, Pinsel; Buntstifte in Weiß, Wassergrün, Türkis, Maigrün, Olivgrün, Flaschengrün, Dunkelgrün, Fleischfarbe, Bronze, Goldocker, Ocker, Geranienrot, Zinnoberrot dunkel, Karmin dunkel, Kobaltblau, Phthaloblau, Blaugrün, Delftblau, Indigo, Magenta, Violett, Schwarz.

Erster Schritt

Packpapier wird auf ein Stück feste Pappe geklebt und anschließend mit dunkelbrauner Abtönfarbe eingestrichen. Man kann entscheiden, wie intensiv und gleichmäßig der Untergrund werden soll. Nach einer kurzen Trockenphase kann sofort auf dieser Fläche gemalt werden. Mit einem weißen Stift wird die Grundskizze des Korbes angefertigt. An der oberen Kante werden die Linien nicht durchgezogen, weil dort später Blüten oder Blätter eingesetzt werden. Die Blütendolden der Hortensie bestehen aus vielen kleinen Blüten. In der Regel gehören immer vier Blätter zusammen, die eine farbige Mitte besitzen. Man sollte bei einer einzigen Blüte mit einem hellen Grün beginnen. An diese Blüte werden dann andere angebaut. Dabei werden folgende Farben gewechselt: Wassergrün, Maigrün, Olivgrün, Türkis, Kobaltblau und Goldocker. Für die Blütenmitten werden abwechselnd Geranienrot und Karmin verwendet. Insgesamt sollte die Dolde eine Kreisform bilden. Das Blatt, das vorn über dem Korb hängt, wird in Maigrün gezeichnet, die Blattadern werden dabei ausgespart. Wenn eine Farbe auf dem dunklen Hintergrund heller erscheinen soll, muss man Weiß als zarte Fläche darunter legen. Es sollte auf jeden Fall immer vom Hellen zum Dunklen gemalt werden. Die rote Blüte wird mit einem fleischfarbenen Stift umrissen. Für die Blütenblätter werden Geranienrot, Zinnoberrot und in den dunkleren Partien Karmin eingesetzt. Den Schatten schraffiert man an einigen Stellen mit Schwarz. Der Korb erhält an einigen Stellen eine leichte Schraffur mit Fleischfarbe und Ocker.

Zweiter Schritt

Die Hortensie auf der linken Bildseite wird weiter ausgebaut und die Zwischenräume der Blüten mit Schwarz gefüllt. Mit Schwarz werden auch größtenteils die Formen umrandet, um sie kräftiger erscheinen zu lassen. Die rote Blüte wird mit den im ersten Schritt genannten Farben ausgearbeitet, damit Hell-Dunkel-Zonen entstehen und sich die Farben ineinander verzahnen. Jede Farbe ragt in einer Strichfolge in den Bereich der anderen Farbe hinein. Dunkelheiten sollte man zwar schon in der Anlage berücksichtigen, aber immer erst als Schlusslicht erscheinen lassen. Die Gesamtkonzeption kann sonst unstimmig und aus dem Gleichgewicht geraten. Hinter der roten Blüte erscheinen blaue Hortensienblüten in den Farben Türkis, Kobaltblau, Phthaloblau, Violett und Magenta. Das Laubblatt, das über den Korb ragt, wird mit Maigrün und weißen Aderlinien gezeichnet. Außerdem werden weiße Blüten ins Bild gesetzt. Der Korb wird mit Goldocker, Ocker und etwas Bronze ausgestaltet.

Dritter Schritt

Als Gegengewicht zur hohen Hortensiendolde auf der linken Bildseite werden auf der rechten Seite fedrige grüne Krautstiele zwischen die weißen Blüten gesetzt. Beim lockeren Stricheln (nicht zu groß, die Striche müssen zu den Blumen passen) werden im Wechsel Maigrün, Wassergrün, Olivgrün und Blaugrün verwendet. Die weißen Blüten werden zum Teil mit Schwarz umrandet, besonders die mittleren Partien, damit sie sich gut abheben. Der Korb wird jetzt näher ausgearbeitet: Die gesamte Fläche wird mit einem flach gehaltenen Buntstift in Ocker überzogen. Stellenweise wird Bronze, etwas Olivgrün, Magenta und im Schattenbereich ein wenig Delftblau darüber gelegt. Die Korbinnenkante wird mit Bronze dunkler gezeichnet. Die kleinen Nägel und Klammern bestehen aus schwarzen Punkten oder Strichen. Es muss erkennbar sein, dass der Korb aus Spanleisten besteht. Dies wird erreicht, indem die Schnittstellen verdeutlicht werden. Schmale weiße Flächen und Schwarz in der Schattenzone setzen markante Akzente. Der Griff des Korbes wird differenzierter gestaltet und die Seitenkanten mit Schwarz abgegrenzt. Die über dem Korbrand hängenden Laubblätter erhalten die letzten Ausarbeitungen mit zartem Hellgrün und Ocker. Die Blattadern werden stellenweise vorsichtig mit Schwarz nachgezogen. Der Schatten, den der Korb wirft, wird hier mit Weiß gemalt. Um ihn nicht zu hart erscheinen zu lassen, wird er mit einem Radierer flächig radiert.

Kürbis

Benötigtes Material:
säurefreies Aquarellpapier, 300 g/qm, matt,
Bleistift, Schaschlikspieß aus Metall; Buntstifte in Zitronengelb, Kadmiumgelb dunkel, Goldocker, Orange, Bronze, Scharlach rot, Hellgrün, Maigrün, Olivgrün, Flaschengrün, Kobaltblau, Delftblau, Schwarz.

Erster Schritt
Mit einem Bleistift wird eine zarte Vorzeichnung angelegt. Um die Mitte des Kürbisses wird mit dem Schaschlikspieß aus Metall ein Kreis gezogen. Von diesem werden mit dem Spieß Rillen bis zu der Randlinie des Kürbisses gezogen. Diese Linien müssen leicht gebogen sein. Auch bei einigen Blättern werden Rillen gezogen. Die Blätter sollten in verschiedenen Ansichten dargestellt werden. Auch sollten einige Blattecken umgeklappt sein, andere sollten sich überschneiden und den Kürbis einbetten. Der Kürbis wird jetzt in Farbschichten modelliert. Die gesamte Fläche wird mit Zitronengelb gestrichelt. Dabei muss lediglich berücksichtigt werden, dass man in der Rundanlage malt. Der Schattenbereich des Kürbisses liegt auf der rechten Seite. Hier fließen Kadmiumgelb und Orange ein, die Farben sollten sich verzahnen. Das linke obere Blatt erscheint mit Goldocker, für die Grüntöne werden Hellgrün, Maigrün, Olivgrün, Flaschengrün und etwas Kobaltblau verwendet. Die Blüte wird mit Zitronengelb und Goldocker gemalt, in die Mitte setzt man die Fruchtstände mit Scharlachrot.

Zweiter Schritt

Der Kürbis wird mit Zitronengelb und Kadmiumgelb, im Schattenbereich mit Goldocker, etwas Orange und Bronze weitergemalt. Die Blüte erhält Dunkelheiten mit etwas Goldocker, danach werden mit Schwarz feine Linien gezogen. In der gleichen Art wird die rechte kleinere Blüte gemalt. Das linke obere Blatt erscheint sonnig mit Goldocker, das leicht mit Olivgrün durchzogen wird. Die umgeschlagene Ecke erscheint dunkler und wirft einen Schatten, der mit Flaschengrün und Schwarz dargestellt wird. Diese Farben werden auch für den vorderen Teil des Blattes verwendet. Für den Stiel kommt neben Flaschengrün noch Goldocker hinzu, mit Schwarz wird die Struktur gezogen. Auch die anderen Blätter auf der linken Seite werden mit hellem oder dunklem Grün gemalt. Für das Blatt, das unter dem Kürbis liegt, wird Maigrün verwendet, nachdem zuvor die Blattadern mit der Durchdrücktechnik eingezeichnet worden sind.

Dritter Schritt

Das Zentrum der Zeichnung liegt in dem Bereich, in dem sich der Kürbis befindet. Hier sollte der Hell-Dunkel-Kontrast am stärksten sein. Für die Laubblätter auf der rechten oberen Seite verwendet man außer des Bronzetons Hellgrün, Maigrün, Olivgrün und Delftblau. Die Blattadern werden entweder mit dem Schaschlikspieß oder mit Schwarz gezogen. Unterhalb des Kürbisses werden die Blätter im Schatten mit Flaschengrün, Delftblau und Schwarz gestaltet. Das hellgrüne Blatt wird als kontrastreiches Gegenstück vom Schatten ausgespart. Um die Plastizität des Kürbisses zu verstärken, wird er auf der rechten Seite noch etwas kräftiger mit Goldocker und Bronze verstärkt. Die vordere Grasfläche wird mit Flaschengrün schraffiert. Zum Schluss werden an einigen Stellen Dunkelheiten mit Schwarz gesetzt.

Brombeeren

Benötigtes Material:

 farbiges reines Hadernpapier mittlerer Helligkeit (Hellgrau) mit leicht gerippter Oberfläche; Buntstifte in Kadmium zitron, Kadmiumgelb dunkel, Karmin rosa, Purpurrot, Rotviolett, Violett, Magenta, Delftblau, Indigo, Saftgrün, Olivgrün, Flaschengrün, Ocker, Bronze, Schwarz.

Erster Schritt

Eine Brombeerranke zu malen sieht schwieriger aus als es ist. Kleine Kreise bilden einen größeren Kreis, und eine Brombeere ist entstanden. Mit Ocker wird die Ranke vorgezeichnet und darauf geachtet, dass sich Blätter und Beeren teilweise überschneiden, damit die Komposition ausgewogen erscheint. Die Malrichtung geht von hell nach dunkel. Für die Beeren werden die Farben folgendermaßen variiert: Die unreifen Beeren werden mit Saftgrün, Olivgrün und Delftblau gestaltet, etwas reifere Früchte mit Karmin rosa, Purpurrot, Rotviolett sowie Magenta und die ganz reifen Früchte mit Violett, Magenta und Indigo. Glanzlichter werden dabei ausgespart. Die Stiele erscheinen mit Kadmium zitron und Ocker. Das Laubblatt wird an den lichten Stellen mit Kadmium zitron angelegt, stellenweise wird Kadmiumgelb dunkel darüber gelegt. Daneben wird Saftgrün vermischt mit Bronze gesetzt. Die Blattadern werden mit Schwarz eingezeichnet, ebenso die Umrandung.

Zweiter Schritt

Das Blattwerk sollte auf keinen Fall einheitlich grün erscheinen. Daher werden Grüntöne gewechselt. Man beginnt mit einem zarten Saftgrün, schraffiert Olivgrün stellenweise darüber und dunkelt mit Flaschengrün und Delftblau etwas ab. An die Blattspitzen wird ein leichtes Ocker gesetzt. Man erreicht so ein leichtes Changieren der Flächen. Auch die Blattformen sollten sich voneinander unterscheiden. Ein dunkleres Blatt liegt unter einem helleren und erzeugt so eine gewisse Tiefe und Spannung. Die Brombeeren erhalten oberhalb der Frucht einen unterschiedlich gesetzten Blätterkranz aus Ocker oder Grün. An die Stiele werden kleine Dornen in Saftgrün gesetzt.

Dritter Schritt

Es kommen weitere Blätter ins Bild. Wichtig ist der Farbwechsel zwischen Ocker, Purpurrot, Saftgrün, Olivgrün und Delftblau. Um mehr Spannung in die Darstellung der Blätter zu bekommen, sollten die Adern möglichst nicht direkt in der Mitte des Blattes verlaufen. Hier und da werden sie seitlich verlegt und werden auch nicht geradlinig gezogen. Dies lässt die Blätter auch einmal von der Seite erscheinen. Wenn noch Dornen hinzugefügt werden sollen, malt man diese in Ocker und Hellgrün und umrandet sie zum Teil vorsichtig mit einem schwarzen Stift. Außerdem werden die Äste teilweise ergänzt. Die Brombeeren werden mit Rotviolett, Violett und Delftblau oder mit Saftgrün, Olivgrün und etwas Schwarz mal zarter und mal kräftiger angeordnet. Man sollte jedoch erst später entscheiden, wie farbintensiv sie wirklich werden sollen. Drei Laubblätter werden in die Negativform gesetzt. Der Hintergrund dieser Blätter wird mit Olivgrün, Delftblau und in den Schattenzonen mit etwas Schwarz gemalt, die Blattflächen selber bleiben frei.

ISBN 3-8241-0915-8
Broschur, 64 Seiten

ISBN 3-8241-0948-4
Broschur, 32 Seiten

ISBN 3-8241-0978-6
Broschur, 32 Seiten

ISBN 3-8241-0940-9
Broschur, 32 Seiten

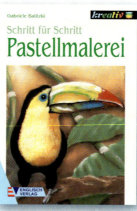

aISBN 3-8241-0867-4
Broschur, 32 Seiten

ISBN 3-8241-0895-X
Broschur, 32 Seiten

Lust auf Mehr?

Liebe Leserin, lieber Leser,
natürlich haben wir noch viele andere Bücher im Programm.
Gerne senden wir Ihnen unser Gesamtverzeichnis zu.
Auch auf Ihre Anregungen und Vorschläge sind wir gespannt.
Rufen Sie uns einfach an oder schreiben Sie uns.

Englisch Verlag GmbH
Postfach 2309 · 65013 Wiesbaden
Telefon 06 11/9 42 72-0 · Telefax 06 11/9 42 72 30
E-Mail info@englisch-verlag.de
Internet http://www.englisch-verlag.de